Catalogue

DE TABLEAUX

ET AUTRES

OBJETS DE CURIOSITÉ.

LA VENTE S'EN FERA LE 11 JANV. ET JOURS SUIV.
A MIDI, RUE CONTRESCARPE, 5, AU 1er.

Nantes.

IMPRIMERIE DU COMMERCE,
V. MANGIN ET W. BUSSEUIL.

1836.

Catalogue

DE

TABLEAUX.

Imprimerie du Commerce
V. MANGIN ET W. BUSSEUIL.
Nantes.

CATALOGUE

DE

ET AUTRES

OBJETS DE CURIOSITÉ.

LA VENTE S'EN FERA LE 11 JANV. ET JOURS SUIV.
A MIDI, RUE CONTRESCARPE, 5, AU 1er.

Exposition

A DATER DU 8 JANV. DE 11 A 7 H.

NANTES.

CE CATALOGUE SE DISTRIBUE
CHEZ M. FORTIN, COMMISSAIRE-PRISEUR, IMPASSE ANISON
ET A L'EXPOSITION.

—

1836.

Conditions de la Vente.

———

Les adjudications seront payées aux mains de M. Fortin, commissaire-priseur chargé de la vente, en franc, sans billon et avec un droit de 10 p. 0/0 en sus du prix d'adjudication.

CATALOGUE.

TABLEAUX.

Pynaker (Adam).

1. Riche paysage. Effet de soleil couchant. De beaux rochers éclairés par le soleil, ainsi que de belles touffes d'arbres occupent la gauche de ce tableau. Les figures et animaux sont de Both d'Italie.

Pallamaide.

2. Après un déjeûner on s'appréte à faire de la musique. Huit figures en riches costumes espagnols ornent ce tableau.
3. A peu près la même scène différemment composée, un peu plus petite que la précédente.
4. Une composition de deux figures. Scène familière.

Nota. Ces trois tableaux ne le cèdent en rien pour la finesse du pinceau, la beauté et l'harmonie de la couleur.

Porbus.

5. Le portrait d'un magistrat revêtu de noir.

Risbraech.

6. Riche paysage. Une femme montée sur un cheval, et divers voyageurs animent le premier plan. A gauche du spectateur se trouve un moulin à eau. Belle composition de ce peintre, peu connue, et très-rare.
7. Beau paysage. Pendant du précédent.
8. Autre paysage d'une richesse de composition extraordinaire.

Fruyt.

9. Un lièvre et une perdrix morte, un chien de chasse les flaire. Ce tableau est d'un beau faire et plein de vérité.

Wangorbe.

10. Beau et bon tableau de fleurs.

Francisque.

11. Paysage historique. Les figures sont de Nicolas Poussin.

Lenain.

12. La marchande de saumons. Tableau d'une grande vérité.
13. Un buveur godaille.

Van-der-Kabel.

14. Marine. Effet de soleil couchant. Beau tableau de ce maître.

Van-Cléef (Jean).

15. Des animaux.

Hoet (Gherard).

15. Laban cherchant ses idoles. Ce tableau, par sa belle ordonnance et sa couleur, est digne de Rembrant.

Solimaker.

17. Solimaker était élève de Berghem. Dans le beau paysage que nous offrons, l'on pourrait croire que son maître l'aurait enrichi de figures ; car elles sont si bien qu'on ne peut les attribuer à un autre pinceau. Nous laissons aux amateurs à juger ce beau tableau.

Robelle (Jean).

18. Un pâtre et trois vaches dans une prairie ; on voit que cet habile peintre a , comme Paul Potter, pris la nature sur le fait. La vérité des couleurs, la finesse de pinceau que l'on re-

marque dans ses tableaux le mettent au rang des bons peintres de son pays où ils se vendent fort cher.

Wauder-Wile.

19. Précieux tableau représentant le portrait de l'artiste.

Leprince.

20. Dans ce paysage deux enfants gardent leurs bestiaux. Le garçon lutte à coups de tête avec une chèvre. Charmante composition.

Wateau.

21. Le char de Neptune. Vue prise à Versailles.
22. Pendant du précédent.

Netscher (Gaspard).

23. Le portrait d'un homme dans un parc.

Mostaer.

24. Riche composition de plus de vingt figures. Le milieu du tableau est occupé par une femme et un homme qui dansent, les autres s'amusent à boire et à fumer.

Storke.

25. Marine d'un bel effet et d'un beau faire.

Haperovaine.

26. Intérieur riche de figures qui s'amusent à danser, chanter et boire. Tableau d'une bonne
couleur.

Breydel (François).

27. Charge de cavalerie. Charmant tableau.

Bakhuysen.

28. Marine représentant un temps calme. Précieux
tableau de ce maître.

Tenier (David.)

29. La tentation de Saint-Antoine. Cet excellent
peintre s'est plu souvent à rendre ce sujet.
Celui que nous possédons est du plus beau
faire et du meilleur temps de ce maître.
30. L'adoration des Bergers. Ses tableaux faits
dans la manière du Bazan sont fort rares et
ont contribué à le faire nommer le singe
de la peinture. Celui que nous offrons est
d'une couleur admirable et ne le cède en rien
à l'école vénitienne.

Kuyp (Albert.)

31. Le Maréchal-ferrant. Précieux tableau de ce
peintre.

Rembrant (Paul).

32. Une tête d'homme vêtue de noir, et portant un chapeau qui met une partie de la figure dans la demi-teinte. Le ton lumineux, la belle pâte et le beau pinceau, jouant l'un avec l'autre produisent un effet vraiment magique que Rembrant seul a pu rendre avec autant de vérité. Nous espérons que MM. les amateurs nous saurons gré de leur avoir présenté de pareils tableaux.

A. Vb.

33. Petite Marine par un beau temps.

Van-Bloemen (Pierre.)

34. Un homme à cheval. Etude.

Huysmans.

35. Des Paysans viennent de se battre, l'un d'eu.. a reçu un coup de couteau.

36. Pendant du précédent.

37. Intérieur d'une Tabagie.

38. Pendant du précédent.

Winants.

39. Charmant paysage. Les figures sont de Linguelbac.

40. Etude de plantes. Ce tableau est signé.

Van-den-Velde, 1634.

41. Joli paysage fait au premier coup et orné de jolies figures.

Monper.

42. Riche paysage avec figures de Breugel.

Ostade.

43. Intérieur de Tabagie. Riche composition.

Leduc.

44. Scène d'intérieur.

V. Vanbont.

45. Paysage orné de figures. Effet de Soleil couchant.

Vendes.

46. Portrait d'une jeune personne se promenant dans un parc

S. B. Bourdon.

47. Un Militaire cuirassé en faction dans l'intérieur d'une prison.

Laar (Pierre de).

48. Un Abreuvoir. On voit les portes de la ville et un Port. Précieux tableau.

Parmesan.

49. Le repos de la Sainte-Famille, composition de trois figures dans un bon fond de Paysage. Magnifique tableau pour orner une chapelle.

Kuyp.

50. La Cène. Ce superbe tableau d'une conservation parfaite est digne d'orner la plus riche chapelle, comme d'entrer dans la plus belle galerie.

Karlemarate.

51. La Sainte-Vierge confie le divin fils de Dieu à un capucin, des anges sont groupés autour de la Vierge et contemplent cette scène majestueuse.

Krayer.

52. Saint Marcel est revêtu des habits pontificaux ; près de lui sont les symboles qui caractérisent ce saint. Krayer s'est surpassé dans ce tableau, qui est aussi beau que ceux de Rubens, dont il était l'élève. Grand tableau propre à embellir une église ou une chapelle.

Manfredit.

53. L'instant où l'on arrête Notre Seigneur dans le Jardin des Olives. Cette belle composition,

dont les figures sont de grandeur naturelle , est pleine de vérité. La tête du Sauveur est un miracle de beauté et d'expression. Tout dans ce tableau ne peut manquer d'attirer l'attention des vrais connaisseurs.

Herman (d'Italie).

54. Paysage et ruisseau.

Terburgh.

55. Deux personnes font de la musique. Charmant tableau.

Pietre de Hogue.

56. Petit Paysage. Soleil couchant. Un Pâtre conduit deux moutons.

Steen (Jean).

57. Le Joueur de Guitare, une jeune femme l'écoute avec attention. Tableau du beau faire de ce maître.

Van-Bergue.

58. Un Musicien fait danser des Paysans à la porte d'une auberge.
59. Pendant du précédent.

Chardein.

60. Des Oignons, une Perdrix morte et un Chat la mange. Ce tableau est plein de vérité.

Inconnu.

61. Deux Marines.

Steen (attribué à)

62. Le Cordonnier prenant mesure à une jeune femme. Sujet très-gai et très-riche de composition.

63. Une Marine faite à la plume sur bois.

Monard.

64. Un Concert flamand.

D. Ver.

65. Paysage orné de jolies figures.

Pieters (Bonaventure).

66. Marine très-précieuse.

Inconnu.

67. Deux Buveurs, dont un tient une cruche.

Chenue.

68. Marine. Effet de soleil couchant.

Cantarat.

69. Paysage. Soleil couchant.

Doix.

70. L'intérieur d'une Forêt. Tableau peu fini ; les figures ne sont qu'ébauchées, ce qui est malheureux, car les tableaux de cet habile artiste sont très-rares.

Bourjoi.

71. Paysage d'après nature.

Demarne.

72. Magnifique tableau de ce maître, connu sous le nom de Champ de Blé.
73. La Balançoire. Charmante composition. Les productions de cet habile peintre sont très-rares.

---

74. Dessins de nos meilleurs artistes, servant souvent de modèles aux élèves, seront vendus séparément sous le numéro 15.
75. Divers Tableaux que le temps ne nous a pas permis d'inscrire sur ce Catalogue, seront vendus également sous le numéro 15.